LA SOCIÉTÉ

DES

ARTISTES DE L'ORCHESTRE

DU

GRAND-THÉATRE DE BORDEAUX

ET

LA DIRECTION

―――――

Prix : 50 centimes

―――――

BORDEAUX

IMPRIMERIE GÉNÉRALE D'ÉMILE CRUGY

16, rue et hôtel Saint-Siméon, 16

1867

LA SOCIÉTÉ

DES

ARTISTES DE L'ORCHESTRE

DU

GRAND-THÉATRE DE BORDEAUX

ET

LA DIRECTION

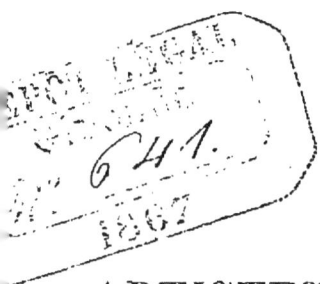

Les nombreuses versions qui ont circulé sur les exigences de la Société des artistes musiciens de l'orchestre du Grand-Théâtre de Bordeaux, nous imposent la publication de ces quelques lignes.

Exposons d'abord les causes puissantes qui ont fait naître fatalement notre Société.

Si nous jetons un coup-d'œil rétrospectif sur l'orchestre du Grand-Théâtre de Bor-

deaux il y a vingt ans environ, nous le
trouvons composé, à la satisfaction générale,
de musiciens capables, vraiment artistes,
et dignes de ce nom.

C'était alors le bon temps. MM. les Directeurs ne se permettaient pas de remplacer un musicien comme on remplace un
manœuvre. Ils avaient pour l'art beaucoup
plus de respect qu'on n'en a généralement
aujourd'hui, et ils ne se seraient pas permis
de toucher à la base de l'édifice, de peur
d'un éboulement.

Ce bon temps, comme tout ce qui est
bon, ne dura pas longtemps. MM. les Directeurs, en se succédant avec rapidité,
hâtèrent la décadence de l'art par des spé-
culations mal entendues, et bientôt il ne
resta plus de cette phalange artistique que
quelques membres épars qui, outrés de la
manière et du sans-façon avec lesquels les
choses se passaient (artistiquement par-
lant), ne cachèrent point leur opinion. —

Il leur en arriva malheur. Toucher aux choses du théâtre ou à la personne du directeur était un crime de lèse-majesté et, comme sous Tibère, sévèrement puni.

Le plus souvent même, il ne fallait pas être coupable d'un aussi grand crime pour que votre remplacement fût mis à l'ordre du jour. Dévoués à l'art, ces Mécènes philanthropes s'inquiétaient peu du malheureux qui attendait, pour vivre, ses *quatre-vingts francs* par mois.

Tous ces remplacements arbitraires, dictés par une spéculation étroite, ou apportant des éléments étrangers à un orchestre d'opéra dont l'homogénéité est la première des conditions, — homogénéité qui ne s'acquiert qu'après un stage assez long dans l'orchestre, — eurent pour résultat la mauvaise interprétation des chefs-d'œuvre et, par suite, le mécontentement du public.

Dans ces conditions, que devait faire une Direction intelligente de ses intérêts ?.....

Nous confions la solution de cette question à la sagesse éclairée du public.

Arriva M. Gontié. Ancien premier danseur, il atteignit les hauteurs du pouvoir avec la plus grande facilité et sans le moindre faux pas, nous devons le reconnaître.

Le Conseil municipal, qui, peu à peu, avait élevé la subvention jusqu'à 144,000 fr. par an pour l'exploitation du Grand-Théâtre, durant ONZE MOIS, PAR LE GRAND OPÉRA, L'OPÉRA COMIQUE ET LE BALLET, alloua à M. Gontié, nommé directeur, une subvention de **200,000 fr.**, et lui accorda la facilité de remplacer, — durant les trois mois d'été, — ses troupes d'opéra et de ballet par une troupe dramatique quelconque.

Or, pour nous, qui, en matière de théâtre, sommes aussi compétents que certains directeurs, la subvention, qui paraît n'être que de 200,000 fr., est en réalité, par le fait de la suppression des troupes d'opéra et de ballet, — d'environ **320,000 fr.**, — sans compter les bénéfices considérables du droit de location étendu à toute la salle, et l'augmentation du prix des places, etc., etc.

Voilà donc M. Gontié à la tête d'une très-belle affaire. La première année, il s'en contente ; mais, la seconde, il pose en principe la diminution des appointements des artistes de l'orchestre. Ce principe posé par lui, et adopté par son conseil d'administration, il fallait en faire l'application.

Voici comment il s'y prit :

Tous les directeurs qui se sont succédé ont, tous, suivi la coutume, dans l'intérêt général, quinze jours avant la fin de l'année théâtrale, de faire afficher un avis au tableau du foyer, invitant les artistes désireux de renouveler leur engagement à passer à la Direction.

M. Gontié ne procéda pas ainsi. L'avis ne fut pas affiché ; mais, à la place, on fit circuler certains bruits qui inquiétèrent les plus timides. Tout l'orchestre apprit bientôt que les musiciens qui voudraient renouveler leur engagement devraient subir une diminution d'appointements.

L'année théâtrale terminée, le paiement du dernier mois fut fixé au 15 juin ; et, en passant à la caisse pour toucher le montant de leur mois, quelques musiciens reçurent, en effet, des propositions de *réengagement* avec la diminution annoncée.

Ceux qui eurent du cœur et le sentiment de leur propre valeur, — il s'en trouva bon nombre, — ne voulurent point subir une diminution d'appointements qui, en moyenne, ne dépassaient pas 90 fr. par mois. — Alors, on leur répondit carrément : On vous REMPLACERA. Le sans-façon avec lequel plusieurs artistes furent traités mit l'effervescence dans les cerveaux.

C'était par trop fort !

La subvention avait été portée à un

chiffre très-élevé, et les musiciens de l'orchestre, à qui on retranchait trois mois de
leurs appointements, — par le seul fait de
la suppression de l'opéra et du ballet pen-
dant les trois mois d'été, — devaient encore
subir une nouvelle diminution sur les neuf
mois qui restaient !...

Sur des emplois dont la rémunération at-
teignait le chiffre de 800 à 1,000 fr. par an,
— s'il n'y avait pas de faillite, — le Directeur voulait faire des économies !...

Qu'eussent répondu les ouvriers d'une
corporation quelconque à une proposition
semblable ?...

Était-ce un encouragement indirect à
l'accroissement de la population en France ?

Voilà où en étaient réduits, l'année dernière, une vingtaine de musiciens, dont
quelques-uns pères d'une nombreuse fa-
mille !...

Dans cette cruelle position, que fallait-il
faire ? Qu'allait-on devenir ? Quelques-uns

trouvèrent un emploi....., et les autres espéraient toujours, lorsque, vers le mois de juillet, ils apprirent que la Direction cherchait à les remplacer par tous les moyens possibles, et qu'à cet effet, elle s'était mise en correspondance avec les principales agences de la France et même de l'étranger.

Quel sentiment d'humanité portait donc M. Gontié à agir ainsi? Quel but voulait-il atteindre? Poursuivait-il une vengeance? Les artistes qu'il voulait remplacer étaient-ils incapables? Demandaient-ils une augmentation d'appointements? S'étaient-ils mêlés, jusque-là, de ses affaires?... Non, non, mille fois non... A cette époque, ceux qu'il voulait remplacer ne demandaient qu'à conserver leur maigre emploi, en subissant même la suppression des trois mois d'été.

. . . .

Il y avait donc autre chose qui portait M. Gontié à agir ainsi?..... Nous ne sommes pas suffisamment autorisés à divulguer les motifs qui ont probablement poussé M. le Directeur à user d'une mesure aussi rigoureuse.

En présence de ces faits, quelle devait être l'attitude des artistes qu'il voulait remplacer ?

M. Gontié avait usé de son droit ; les musiciens usèrent du leur. Que firent-ils ? Ils se réunirent, formèrent une Société, et... attendirent.

Le Directeur connut bientôt la formation de notre Société, et redoubla d'efforts pour remplacer les seize artistes dont elle était composée. L'Administration, aidée de ses amis, gratta, écrivit, fit des pieds, des mains et du reste.....; ce furent peines perdues.

Le Théâtre, on s'en souvient, devait ouvrir le 25 août. Le 23, une lettre de M. Gontié, adressée aux représentants de la Société, les priait de vouloir bien passer à la Direction pour signer les engagements de ceux qui la composaient

Le Théâtre ouvrait le 25, et tout le monde se rappelle le désarroi des finances de la Direction. Que fût-il arrivé si, usant de représailles, ou même consultant nos intérêts (une faillite paraissant imminente), la Société eût répondu à M. Gontié : — Nous sommes bien fâchés, Monsieur, mais il ne nous plaît pas de nous engager au mois d'août ; vous repasserez. — Qu'eût fait M. Gontié?... Il eût déposé le sceptre de la Direction, et, par suite, le Théâtre eût été fermé.

Pour le public, pour la Ville, la société n'a point voulu agir ainsi, et user d'un droit incontestable et de bonne guerre.

Le résultat a donc été celui-ci : au profit des artistes de l'orchestre, la formation d'une Société sur des bases solides ; — au profit du Directeur, quelques engagements qui n'ont servi qu'à tirer de sa caisse une somme de 6 à 8,000 fr. environ.

Maintenant, passons à la *grosse* accusation qu'on a dirigée contre nous au sujet des répétitions.

Supposons, comme on l'a dit, qu'au moment de reprendre *la Juive*, M. Gontié ait été saisi d'un scrupule, voyant que l'orchestre, — c'est-à-dire la société des *seize*, — ne voulait pas répéter. N'avait-il pas un moyen bien simple à sa disposition pour lever ce scrupule? Lorsque M. Gontié fait chanter un artiste une fois de plus que cela n'a été convenu, il lui donne un cachet équivalent à un huitième ou à un dixième de ses appointements, selon que l'artiste doit chanter huit ou dix fois par mois.... Ne pouvait-il pas user de cette mesure envers nous? Qu'est-ce qu'une somme de 30 à 35 fr. environ pour bien *monter* un opéra et lever un scrupule?

Le public, qui, en général, n'est peut-être pas assez au courant des affaires du Grand-Théâtre, peut bien croire à un scrupule du Directeur; mais nous, nous savons malheureusement trop que l'amour de l'art a rarement enflammé MM. les Directeurs du Grand-Théâtre de Bordeaux.

Toutefois, quand on dit que la Société n'a pas voulu répéter *la Juive*, on est dans l'erreur.

Lorsque M. Gontié signa l'engagement de la Société, il savait bien que ceux qui la composaient ne voulaient pas être à la disposition de ses caprices ni de sa mauvaise humeur.

Si, dans l'engagement de l'année dernière, nous eussions consenti à faire toutes les répétitions qu'il paraissait disposé à demander, il est probable que nous ne fussions sortis du Théâtre ni le jour, ni la nuit.

En ne consentant pas à toutes les répétitions qu'il plairait à M. le Directeur d'afficher, nous avons voulu enlever cette épée de Damoclès qui était suspendue sur nos têtes ; mais il ne s'ensuit pas pour cela que nous n'ayons pas voulu répéter *la Juive*, comme le bruit en a couru.

Voici les faits, tels qu'ils se sont passés :

Aussitôt que le Directeur fit annoncer la répétition générale de cet opéra, les délégués de la Société montèrent à la Direction, et parlèrent à M. Gontié à peu près en ces termes :

« Notre intention n'est pas d'entraver la marche du répertoire en quoi que ce soit, comme le bruit en a été répandu. Vous avez affiché la répétition de *la Juive* comme un droit ; nous venons vous rappeler le traité que vous avez signé : cependant, étant tous dévoués à l'art, nous consentons à cette répétition, à la simple condition, par vous, de nous la demander comme service, et non comme un droit.

M. Gontié, qui cherchait une mauvaise querelle dans son propre intérêt, ne voulut rien accepter, en disant qu'il avait droit à cette répétition, etc. Eh bien, lui répondit-on, faites valoir ce droit... Et la répétition n'eut pas lieu.

On voit, par la concession que voulut faire la Société, — concession que les artistes sont toujours disposés à faire, — de quel côté se trouve le culte de l'art.

Et quand un écrivain quelconque vient se mêler de blâmer ou de louer, devrait-il ignorer ce qui se passe? Croit-il que les artistes n'aient pas autant que lui le sentiment du beau, et ne sachent pas les moyens à employer pour y arriver? Et celui qui s'est hasardé à parler ainsi, ne devrait-il pas savoir que les séances de *quatuor* données, y a quelque temps, par les artistes de la Société, étaient le fruit de *huit mois* de répétitions?.....

Ainsi donc, qu'on n'accuse pas inconsidérément les musiciens d'actes impossibles que leur conduite dément, pas plus que d'une idolâtrie exagérée du veau d'or.

On a dit aussi que nous avions mis le

couteau sur la gorge du Directeur..... Le
pauvre homme!..... Il a dû avoir joliment
peur !.....

Terminons.

La Société, l'année dernière, comptait
seize membres; elle en compte aujourd'hui
quarante-deux environ. Le but qu'elle pour-
suit, c'est surtout la bonne interprétation
des chefs-d'œuvre et, par conséquent, l'a-
mélioration de l'orchestre, et de s'assurer,
par ses talents et sa conduite, un emploi
peu rémunérateur, il est vrai, mais sur
lequel elle puisse compter sans être assu-
jettie à tous les caprices de MM. les Directeurs présents, futurs et à venir ; l'orchestre
relevant surtout du public, et non pas de
ces spéculateurs qui ne sont, la plupart,
que des oiseaux de passage dans un champ
de blé.

En province, les orchestres d'opéra ne
peuvent se conserver, se fortifier par le
travail d'ensemble de chaque jour, qu'à la

condition d'être en société, comme les orchestres de Toulouse, de Lille, etc., etc.; et ce que nous donnons comme notre opinion fondée, c'est que, si les sociétés ne réussissent pas à s'établir sur des bases solides, les théâtres subventionnés de province, dans un temps qui n'est pas très-éloigné, n'auront plus d'un orchestre que que le nom.

Déjà les bons instrumentistes deviennent de plus en plus rares, grâce aux belles conditions qui leur sont faites, et aux encouragements qu'ils reçoivent, chaque jour, de ceux à qui la Ville accorde sa confiance.

L. CAUSSEROUGE,
de la Société des Artistes de l'orchestre
du Grand-Théâtre de Bordeaux.

Bordeaux. Imprimerie générale d'Émile CRUGY, rue et hôtel Saint-Siméon, 16.

INSTRUMENTS & MUSIQUE

CH. ROLLET

Directeur de la Musique des Sapeurs-Pompiers,
de la Fanfare Rollet et du Lycée,

46, Rue Sainte-Catherine, 46

A L'ENTRESOL

Nouveaux traités passés avec les principaux luthiers de France

DIMINUTION IMPORTANTE

SUR LES

PRIX DE VENTE D'INSTRUMENTS ET DE MUSIQUE

APERÇU DE QUELQUES PRIX :

Piston Besson 1er choix.................F. 105

D^o d^o 2e d^o.................... 90

Piston de Couturier, de Lyon, depuis.... 25

VENTE & LOCATION DE PIANOS

A GRAND RABAIS

MUSIQUE DE FANFARE

AU PRIX DES PROSPECTUS

www.ingramcontent.com/pod-product-compliance
Lightning Source LLC
Chambersburg PA
CBHW061806040426

42447CB00011B/2502